Marlies Busch

Kinder basteln

für Advent *und* Weihnachten

Marlies Busch

Kinder basteln für Advent und Weihnachten

Ravensburger Buchverlag

Bibliografische Information Der Deutschen Nationalbibliothek

Die Deutsche Nationalbibliothek verzeichnet diese Publikation
in der Deutschen Nationalbibliografie; detaillierte bibliografische
Daten sind im Internet über **http://dnb.d-nb.de** abrufbar.

4 3 2 1 11 10 09 08

Otto Maier GmbH
Postfach 1860
88188 Ravensburg

Fotos: Tom Schmid
Redaktion: Christiane Burkhardt, München
Gesamtgestaltung: Sabine Dohme, München
Umschlaggestaltung: Eva Bender
Printed in Germany

Wir danken den Firmen IKEA und Rayher für ihre Unterstützung.
ISBN: 978-3-473-55641-0

www.ravensburger.de

Inhalt

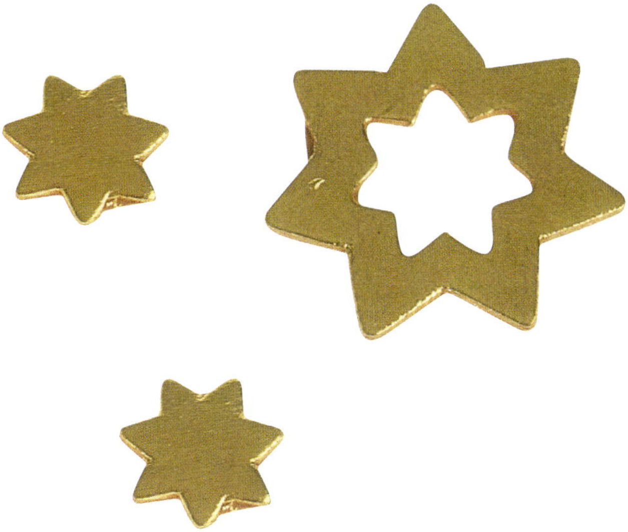

Dekorationen zur Weihnachtszeit

Advent und Nikolaus

Süßes aus der Weihnachtsküche

Geschenke zauberhaft verpacken

Besondere Weihnachtsgeschenke

Du brauchst:

- Tonkarton in Königsblau und Hellblau
- Bleistift
- Schneidemesser
- Schere
- Lineal
- Klebstoff
- Lichterkette

Bunte Lichterkette

Die Häuschen, die hier als Lichterkette im goldenen Weihnachtsbaum hängen, sehen aus wie kleine Zwergenwohnungen!

1 Vergrößere die Vorlage für das Lichterhäuschen (Seite 58) und übertrage sie auf den Tonkarton. Anschließend schneidest du das Häusermotiv vorsichtig mit dem Schneidemesser aus. Hast du damit noch wenig Erfahrung, benutze lieber eine Schere!

2 Mithilfe von Lineal und Schneidemesser ritzt du den Tonkarton entlang der gestrichelten Linien behutsam ein. An diesen Stellen lässt sich der Karton jetzt ganz leicht falzen.

3 Durch das Falzen bekommst du ein dreidimensionales Häuschen. Nun klebst du die Giebel auf die Laschen der Wände und des Dachs.

4 Je länger die Lichterkette ist, desto mehr Häuschen brauchst du. Sind alle Häuschen gebastelt, schiebst du die Lämpchen der Lichterkette durch die dafür vorgesehenen Öffnungen. Sobald du den Stecker einsteckst, beginnen die Häuschen zu strahlen.

Tipp vom Nikolaus

Wer möchte, kann auch einen großen Christbaum mit der Häusergirlande schmücken. Dafür musst du etwa zwölf Häuschen anfertigen.

Lustige Kugeln aus Papierstreifen

Diese schönen Papierkugeln scheinen in der Luft zu schweben wie Fesselballons! Darin verbergen sich Perlen und Pailletten, die besonders bei Kerzenlicht wundervoll schimmern.

Du brauchst:

- Tonpapier in Rot, Lila, Orange und Pink
- Lineal
- Bleistift
- Schere
- Locher
- Blumendraht
- Rundzange
- Perlen in verschiedenen Größen und Farben
- Pailletten in Blüten- oder Sternform
- Kristallanhänger in Herzform
- Angelschnur

1 Je nachdem, wie groß deine Kugeln werden sollen, schneidest du 11–15 Streifen aus dem Tonpapier zu. Die Streifen haben eine Länge von 14–22 cm und eine Breite von 1–2 cm.

2 Jeder einzelne Tonpapierstreifen wird an beiden Enden gelocht. Achte darauf, dass die Löcher ordentlich in der Mitte sitzen.

3 Nun nimmst du ein Stück Draht, das bei den kleinsten Kugeln ungefähr 13 und bei den größten etwa 20 cm lang ist. Mit der Rundzange biegst du das eine Ende zu einer kleinen Schlaufe.

4 Anschließend fädelst du eine Perle und eine Paillette auf den Draht. Sie bilden den Abschluss deiner Kugel. Danach kommen die Papierstreifen dran.

5 Nun folgen die Perlen für das Innenleben der Kugel. Am schönsten wirkt es, wenn du abwechselnd große und kleine Perlen aufziehst und eine Blüten- oder Sternpaillette dazwischenfädelst.

6 Wie viele Perlen und Pailletten du aufziehen musst, hängt von der Länge deiner Streifen ab. Schiebe die Papierstreifen probeweise von oben auf den Draht und schau, ob die Kugel schön rund wird.

7 Vielleicht musst du einige Perlen ergänzen. Ist die Kugel zu oval, entfernst du einfach wieder ein paar Perlen.

8 Wenn du die richtige Länge ermittelt hast, fädelst du noch eine Paillette und eine Perle über den obersten Tonpapierstreifen. Das ergibt einen schönen Abschluss.

9 Lass den Draht 1 cm überstehen und knipse ihn ab. Den überstehenden Draht biegst du wieder mit der Rundzange zur Schlaufe.

10 Zum Schluss verzierst du das untere Kugelende mit einem schönen Kristall und bringst oben eine Schlaufe aus Angelschnur an. Fertig ist die Christbaumkugel!

Transparente Christbaumkugeln

Du brauchst:
- Transparente Plastikkugeln in unterschiedlichen Größen
- Lackmalstift in Gold
- Kristallanhänger in Herzform in unterschiedlichen Farben
- Angelschnur

Diese bemalten Christbaumkugeln haben eine ganz besondere Leichtigkeit. Weil sie so transparent sind, schimmern sie wie Seifenblasen.

1 Verwende den Lackmalstift nach Gebrauchsanweisung und bemale die Kugeln vorsichtig mit verschiedenen Mustern. Du brauchst nur ein paar Kringel, Kästchen, Spiralen oder Dreiecke nebeneinanderzusetzen und schon entstehen die schönsten Ornamente.

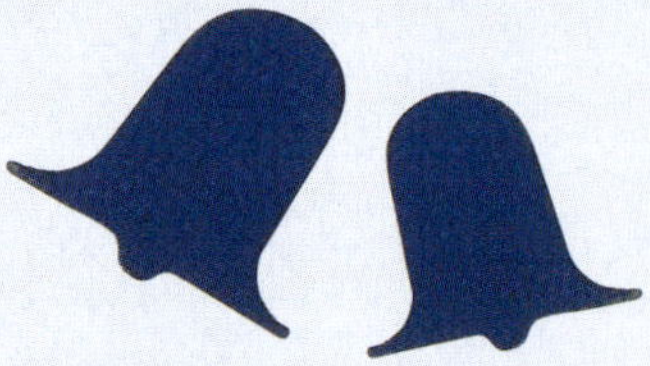

2 Damit der Goldlack nicht verschmiert, musst du die bemalten Kugeln sorgfältig trocknen lassen. Am besten, du wartest eine Viertelstunde, bevor du die Kugeln wieder in die Hand nimmst.

3 Anschließend klemmst du die bunten Herzkristalle zwischen die beiden Hälften der Plastikkugeln. Sie bringen die Kugeln erst richtig zum Glitzern!

4 Damit du die Kugeln aufhängen kannst, befestigst du oben jeweils eine Schlaufe aus Angelschnur.

5 Die Kugeln passen zu Tannenzweigen ebenso wie zu kahlen Ästen. Wenn du möchtest, kannst du sie auch mithilfe einer Reißzwecke oben am Fensterrahmen befestigen.

Tipp vom Nikolaus

Wenn du 24 transparente Plastikkugeln mit kleinen Geschenken füllst, hast du im Nu einen prima Adventskalender zum Verschenken!

Schimmernde Schneekristalle

Diese sternförmigen Schneekristalle aus blauen und grünen Perlen sind schnell gemacht. Sie schmücken nicht nur den Christbaum, sondern sind auch tolle Geschenkanhänger!

Du brauchst:

- Sternenrohlinge aus Draht in unterschiedlichen Größen
- runde oder längliche Perlen in unterschiedlichen Größen und Farben, zum Beispiel in Transparent, Türkis, Blau, Smaragdgrün usw.
- Rundzange
- Angelschnur

1 Um die Sternenrohlinge in richtige Schneekristalle zu verwandeln, fädelst du als Erstes die kleinen, schmalen, länglichen Perlen auf.

2 Probiere verschiedene Form- und Farbkombinationen aus. Bist du mit deinem Ergebnis zufrieden, biege das Drahtende mit der Rundzange zu einer kleinen Schlaufe. Damit verhinderst du, dass die Perlen wieder herunterrutschen.

3 Nachdem du einen Kristallzacken fertiggestellt hast, verfährst du mit den anderen genauso. Achte auf eine symmetrische Anordnung der Perlen.

4 Damit du die fertigen Schneekristalle aufhängen kannst, musst du sie erst noch mit einer Schlaufe aus Angelschnur versehen.

5 Jetzt streifst du die unsichtbaren Schlaufen über die Zweige des Christbaums. Du kannst die Kristalle auch zum Verzieren deiner Geschenke verwenden.

Tipp vom Nikolaus

Klebe einen kleinen Stern so auf einen großen, dass sich die Strahlen des kleinen genau in den Zwischenräumen des großen Sterns befinden. Das ergibt einen tollen Doppelstern.

Du brauchst:
- Goldfolie
- Bleistift
- Schere
- Kerzenständer in Sternform
- Klebstoff
- 4 rote Kerzen

Kerzen mit Engelsflügeln

Diese Kerzen sehen aus, als wollten sie im nächsten Moment davonfliegen! Am besten, du stellst gleich mehrere davon her. Denn wenn sie sich gegenseitig in ihren goldenen Flügeln spiegeln, verbreiten sie ein besonders warmes Licht!

Tipp vom Nikolaus

Diese geflügelten Kerzen sind auch eine witzige Idee für einen Adventskalender: Einfach in nummerierte Kerzenhalter-Clips stecken und jeden Tag eine Kerze mehr anzünden!

1 Diese stimmungsvolle Weihnachtsdekoration ist in wenigen Minuten hergestellt. Als Erstes faltest du die Goldfolie in der Mitte. Darauf überträgst du die unten stehende Vorlage für die Engelsflügel, und zwar so, dass sich die gestrichelte Linie im Falz befindet.

2 Anschließend schneidest du die Flügelchen vorsichtig mit der Schere aus. Pass auf, dass du die Folie dabei nicht zerknickst!

3 Stecke nun die Kerzen in die gekauften Kerzenhalter in Sternform. Am besten, du tropfst unten etwas flüssiges Wachs hinein, damit sie stabil stehen und nicht umkippen können.

4 Jetzt brauchst du die Kerzen nur noch auf mittlerer Höhe mit den goldenen Flügelchen zu bekleben und anzuzünden.

Königliche Weihnachtskarten

Eine schöne Verzierung für die Weihnachtspost sind diese Kronen aus Gold- und Kupferfolie. Da macht das Grußkartenschreiben gleich doppelt Spaß.

Du brauchst:
- Goldfolie in Altgold und Kupfer
- Bleistift
- Schere
- Briefpapier und Umschläge
- Klebstoff

1 Übertrage die Vorlagen für die Kronen (Seite 58) auf die Goldfolie und schneide sie vorsichtig aus.

2 Für die Verzierungen knickst du die Folie an den gekennzeichneten Stellen und schneidest nach Lust und Laune Dreiecke oder Halbkreise hinein. Aufgepasst: Zwischen den einzelnen Verzierungen muss immer ein Steg stehen bleiben!

3 Anschließend streichst du die feinen Goldkronen wieder glatt und klebst sie auf deine Grußkarten, Briefbögen oder Umschläge für die Weihnachtspost.

Tipp vom Nikolaus

Die goldenen Krönchen geben auch tolle Tischkärtchen ab: Dafür klebst du sie einfach auf Kärtchen aus Tonkarton, die einmal in der Mitte gefalzt sind.

Du brauchst:

- 12 Filzplatten, rot glitzernd
- 6 Filzplatten, weiß glitzernd
- Bleistift
- Schere
- Klebstoff
- 24 Glitterpompons
- 24 Holzklammern
- Holzzahlen 1–24
- Bastelfarbe in Silber
- Pinsel
- Deko-Girlande mit weißen Perlen

Nikolausmützchen an der Leine

Hübsch aufgereiht sind diese 24 Nikolausmützchen ein verheißungsvoller Adventskalender voller süßer Überraschungen und anderer Kleinigkeiten!

1 Als Erstes überträgst du die Vorlage für die Mützchen (Seite 60) 24-mal auf den roten Filz und schneidest sie vorsichtig aus.

2 Jetzt kommen die weißen Krempen dran. Auch dafür gibt es eine Vorlage (Seite 60), die du auf den weiß glitzernden Filz überträgst und ausschneidest.

3 Klebe nun die weißen Krempen passgenau auf den gebogenen Rand der Schnittteile für die roten Mützen.

4 Füge die Schnittteile mit Klebstoff zu Mützen zusammen. Für die lustigen Bommel klebst du je einen Glitterpompon unten an den Zipfel.

5 Als Nächstes klebst du die Holzzahlen wie rechts abgebildet auf die Wäscheklammern.

6 Ist der Klebstoff getrocknet, kannst du Zahlen und Klammern mit der silbernen Bastelfarbe bemalen.

7 Jetzt brauchst du die Mützchen mit den Klammern nur noch an die Deko-Girlande zu heften und zu hoffen, dass sie jemand füllt.

Tipp vom Nikolaus
Vorfreude ist die schönste Freude: für den 24. Dezember ein Mützchen besonders groß basteln …

14
13
12
20
15

Adventskranz aus roten Beeren

Ein ungewöhnlicher Adventskranz ist diese goldene Vase mit Beerenkranz und Weihnachtskerzen. Darin kann man prima Süßigkeiten verstecken.

1 Setze den Kranz aus roten Beeren auf den Rand der Vase und stecke noch ein paar kleine trockene Reisigzweige dazu.

2 Anschließend füllst du die Vase mit allem, was gut schmeckt oder herrlich duftet. Wie wär's mit Süßigkeiten, Nüssen, Zimtstangen, Tannenzapfen …?

3 Stecke die Kerzen in die Kerzenhalter und klemme sie an den Beerenkranz. Damit die Kerzen nicht kippen können, tropfst du vorher etwas flüssiges Wachs in die Halter.

4 Wenn du willst, kannst du den Adventskranz noch zusätzlich mit Äpfeln, Mandarinen, einem Nikolaus oder Teddy dekorieren.

Tipp vom Nikolaus

Dieser Adventskranz ist auch eine originelle Geschenkverpackung: Unter vielen Nüssen verbirgt sich ein kleines Weihnachtspäckchen in der Vase.

Du brauchst:

- 1 Beerenkranz
- kleine trockene Reisigzweige
- 1 Vase mit etwas weniger Durchmesser als der Beerenkranz
- 4 rote Kerzen
- 4 Weihnachtsbaumkerzenhalter
- Nüsse, Tannenzapfen, Zimtstangen, evtl. Süßigkeiten zum Füllen der Vase
- Äpfel, Mandarinen, 1 kleinen Nikolaus oder Teddy als Verzierung

Du brauchst:

- 2 Filzplatten in Rot
- 1 Filzplatte in Weißglitter
- Bleistift
- Schere
- Klebstoff für Textilien
- Sticktwist in Rot und Weiß
- Sticknadel
- Deko-Stern

Nikolausstiefel aus Filz

Prall gefüllt mit vorweihnachtlichen Köstlichkeiten funkelt dieser Nikolausstiefel verheißungsvoll im Kerzenlicht und wartet auf seinen Besitzer.

1 Übertrage die Vorlagen für den Stiefel (Seite 60) auf den roten Filz. Dann steckst du das Rückenteil mit Sohle sowie das Vorderteil mit Schaft an den beiden Seitenteilen fest.

2 Klebe die Ränder ganz schmal aufeinander und lass den Nikolausstiefel gut trocknen.

3 Mit einem farblich passenden Sticktwist kannst du die Ränder nun umsticken: Für den Zierstich etwa 0,5 cm oberhalb der Stoffkanten einstechen. Den Faden nicht gleich festziehen, sondern die Nadel vorher von hinten durch die Schlaufe ziehen, daneben einstechen usw., bis alles umstochen ist.

4 Jetzt brauchst du nur noch den funkelnden Deko-Stern aufzukleben und zu warten, bis jemand deinen Stiefel füllt!

Tipp vom Nikolaus

Solltest du das Sticken noch nicht gelernt haben, reicht es auch, wenn du die Ränder sorgfältig festklebst.

Nikolausstiefel aus Papiermaschee

Dieser chromfarbene Nikolausstiefel schimmert mit den Kerzen um die Wette. Ob der Inhalt auch hält, was der Stiefel verspricht?

Du brauchst:
- 1 Gummistiefel in beliebiger Größe
- Tapetenkleister
- Pinsel
- Zeitungspapier
- Chromfarbe
- Strickschlauch in Silber

1 Rühre den Tapetenkleister entsprechend der Anleitung an und lass ihn quellen, bis er schön dickflüssig ist.

2 In der Zwischenzeit reißt du eine Zeitung in etwa 8–10 cm große Schnipsel. Es können auch kleinere Papierfetzen verwendet werden.

3 Anschließend streichst du den Gummistiefel Stück für Stück mit dem Tapetenkleister ein und bedeckst ihn mit den Zeitungsschnipseln.

4 Drücke die Schnipsel mit dem Pinsel gut an. Verkleide den ganzen Stiefel mit vielen, sich überlappenden Zeitungsschnipseln.

5 Damit der Papiermascheestiefel später nicht bricht, musst du mindestens 12–15 Schichten auftragen. Ein bisschen Geduld solltest du schon mitbringen, denn jetzt muss dein Werk erst einmal 1–2 Tage lang trocknen. Danach ist die Hülle so hart, dass du den Gummistiefel zusammendrücken und vorsichtig herauslösen kannst.

6 Nach dem Trocknen malst du den Papiermascheestiefel gleichmäßig mit Chromfarbe an und lässt ihn erneut trocknen.

7 Zum Schluss kommt der silberne Strickschlauch zum Einsatz: Stecke ihn wie eine Socke in den Stiefel und stülpe ihn über den Rand.

Tipp vom Nikolaus
Besonders schön sieht es aus, wenn du ein paar Reisigzweige silbern anmalst und als Dekoration in den Stiefel hineingibst.

Winterlandschaft aus Window Color

Du brauchst:
- Klarsichthüllen
- Papier
- Konturenmittel in den Farben Gold und Silber
- Window Color in den Farben Kristallklar, Perlweiß, Dunkelgrün, Mittelgrün, Gold, Perlmutt, Silberglitter
- sauberen Spachtel
- Schere

So zauberst du im Nu eine Winterlandschaft an dein Fenster! Und wenn dann noch ein paar Schneekristalle vom Himmel rieseln, kommt Weihnachtsstimmung auf.

1 Übertrage die Vorlagen (Seite 59) auf ein Blatt Papier und lege sie unter eine Klarsichthülle.

2 Als Nächstes bereitest du den Untergrund für die Motive vor. Vor allem das Schneeflocken-Motiv braucht besonders viel Halt, sonst zerreißt es. Gieße dafür etwas Window-Color-Farbe in Kristallklar auf die Klarsichthülle und verstreiche sie mit dem Spachtel. Die mit Kristallklar bedeckte Fläche muss mindestens so groß sein wie die Vorlage.

3 Warte, bis das Kristallklar getrocknet ist. Anschließend zeichnest du die Motivumrisse mit dem gewünschten Konturenmittel auf den kristallklaren Untergrund. Das Schneeflocken-Motiv besteht nur aus Konturenfarbe.

4 Jetzt müssen die Umrisse trocknen. Das dauert etwa 6–8 Stunden. Anschließend kannst du die Farbflächen der Landschaft nach Lust und Laune mit Window-Color-Farben auffüllen.

5 Lass alles gut trocknen, am besten über Nacht. Danach ziehst du dein Motiv vorsichtig von der Klarsichthülle ab und korrigierst mit der Schere die Ränder. Jetzt brauchst du die einzelnen Motive nur noch zu deinem ganz persönlichen Fensterbild zusammenzustellen.

Tipp vom Nikolaus
Du kannst die Winterlandschaft beliebig verlängern. Verziere dein Fenster doch in der ganzen Breite mit Tannenbäumen!

Zuckersüße Schneemänner

Diese süßen Schneemänner sitzen in einem Berg aus Hagelzuckerschnee und gucken frech in die Welt.

Du brauchst:

- 1 Eiweiß
- 300 g Puderzucker
- 1 TL Zitronensaft
- weiße Kokoskugeln
- runde Kekse
- bunte Schokolinsen
- runde und eckige Lakritzbonbons oder andere Süßigkeiten, die wie ein Hut aussehen können
- Hagelzucker

1 Verrühre das Eiweiß, den Zitronensaft und den Puderzucker zu einem dickflüssigen Guss.

2 Mit diesem Zuckerguss klebst du jetzt pro Schneemann 2 Kokoskugeln aufeinander. Damit die Schneemänner stehen können, pappst du sie auf einen runden Keks.

3 Als Nächstes verpasst du den frechen Schneemännern Augen und Nase aus Schokolinsen.

4 Zum Schluss bekommen die Herren noch ihre Hüte. Dazu klebst du Lakritzbonbons und andere Süßigkeiten auf ihre Köpfe.

Tipp vom Nikolaus

Am schönsten sieht es aus, wenn du die Schneemänner mit Schokolinsen und Mandarinen auf einem großzügig mit Hagelzucker verzierten Teller dekorierst.

Du brauchst:
- 200 g Nugatmasse
- 25 g Pistazien
- 200 g Marzipanmasse
- 15 g Puderzucker
- Schokoladenglasur, dunkel
- Topf
- Schüssel
- Gabel
- Alufolie

Verpackung:
- farbiges Glanzpapier

Selbst gemachte Mozartkugeln

Hübsch verpackt in Glanzpapier, halten diese süßen Schokokugeln in ihrem Innern noch weitere Überraschungen bereit: Nugat und Marzipan!

1 Stelle die Nugatmasse etwa eine Stunde in den Kühlschrank, damit sie ein bisschen fester wird, und forme anschließend murmelgroße Kugeln daraus.

2 Jetzt hackst du die Pistazien möglichst fein und knetest sie unter die fertige Marzipanmasse.

3 Bestäube deine Arbeitsplatte mit dem Puderzucker und forme eine dicke Rolle aus der Marzipan-Pistazien-Masse.

Tipp vom Nikolaus

Besonders schön machen sich die Mozartkugeln auch auf einem Bett aus Silberfäden in einem Glasbehälter.

4 Schneide die Rolle in so viele Scheiben, wie du zuvor Nugatkugeln geformt hast.

5 Jetzt nimmst du die Nugatkugeln, legst sie auf die Marzipanscheiben und formst daraus wieder Kugeln.

6 Diese Kugeln stellst du in den Kühlschrank. Danach erwärmst du die Schokoladenglasur im Wasserbad.

7 Die flüssige Glasur schüttest du in eine Schüssel. Dann steckst du eine Kugel nach der anderen auf die Gabel und tauchst sie hinein. Lass die überflüssige Schokoladenglasur abtropfen und lege die fertigen Mozartkugeln zum Trocknen auf ein Stück Alufolie. Anschließend kannst du sie verpacken, indem du sie in farbiges Glanzpapier wickelst.

Blitzkonfekt in schönen Schachteln

Wer kann diesen knusprigen, mit Schokolade umhüllten Erdnüssen widerstehen? In dekorative Schachteln verpackt, sind sie das ideale Geschenk.

Du brauchst:

- Schokoladen-fettglasur in Hell und Dunkel
- Topf
- Schüssel
- 250 g gesalzene Erdnüsse
- Teelöffel
- Backpapier
- Pralinen-manschetten

Verpackung:

- Sternen- und Tannen-schachteln
- Bastelfarbe in Pink
- Pinsel
- blaues Seiden-papier

1 Erwärme die Schokoladenfettglasur im Wasserbad.

2 Schütte die inzwischen flüssige Glasur in die Schüssel und füge die gesalzenen Erdnüsse hinzu.

3 Rühre die Masse mit dem Teelöffel um. Anschließend setzt du mehrere Häufchen davon auf das Backpapier.

4 Lass das so entstandene Konfekt abkühlen. Danach kannst du die einzelnen Pralinen in die dafür vorgesehenen Manschetten stecken. Denke daran, das Konfekt bis zum Verschenken im Kühlschrank aufzubewahren, damit es nicht schmilzt.

5 Für die Verpackung malst du die Sternen- und Tannenkartons mit der Bastelfarbe gleichmäßig an. Alles gut trocknen lassen.

6 Danach kleidest du die bemalten Kartons mit blauem Seidenpapier aus und gibst dein Blitzkonfekt hinein.

Tipp vom Nikolaus

Noch appetitlicher wirkt das Konfekt, wenn du noch ein paar Glitzersterne aus Metallfolie mit in die Pralinenschachtel gibst.

Du brauchst:

- 200 g Marzipanrohmasse
- Nudelholz
- Plätzchenausstecher in verschiedenen Formen
- Schokoladenglasur in Hell und Dunkel
- Topf für die Schokoladenglasur
- Holzspieße
- Schokoherzen

Lutscher mit Marzipanfüllung

Diese Lutscher sehen richtig zum Anbeißen aus! Zum Glück sind sie so schnell hergestellt, dass alle Freunde damit beschenkt werden können.

1 Als Erstes rollst du die gekaufte Marzipanrohmasse mit dem Nudelholz etwa 1,5 cm dick aus.

2 Jetzt stichst du die gewünschten Formen mit den entsprechenden Plätzchenausstechern aus.

3 Anschließend erwärmst du die Schokoladenglasur langsam im Wasserbad. Beachte dabei die Anleitung auf der Verpackung.

4 Stecke die ausgestochenen Marzipanformen auf die Holzspieße und tunke sie vorsichtig in die flüssige Glasur.

5 Lass die Spieße gut abtropfen und verziere die einzelnen Formen kurz vor dem Trocknen mit einem kleinen Schokoherzen.

Tipp vom Nikolaus

Wer es etwas farbenfroher mag, bestreut die Lutscher einfach mit bunten Zuckerperlen, Zuckerstreuseln oder Zuckerbuchstaben.

Knecht Ruprechts süße Rute

Vor dieser Rute braucht sich niemand zu fürchten – im Gegenteil! Sie ist nicht nur eine originelle Weihnachtsdekoration, sondern auch ein tolles Nikolausmitbringsel!

Du brauchst:

- trockene, dünne Äste
- Sprühkleber
- Glitzerschnee
- Süßigkeiten
- Silberpapier
- Holzsterne
- silbernes Geschenkband
- Klebstoff
- Schere
- Seidenpapier in Pink
- weiß schimmerndes Engelshaar

1 Besprühe zuerst die trockenen Äste mit Sprühkleber und streue den Glitzerschnee darauf.

2 Solange die Äste trocknen, packst du die Süßigkeiten in das Silberpapier ein. Drehe die Enden jeweils so zusammen, dass die Päckchen wie kleine Bonbons aussehen.

3 Jetzt befestigst du die verpackten Süßigkeiten und Holzsterne mit Klebstoff oder einem Geschenkband an den verzierten Ästen. Achte auf eine schöne Anordnung der Süßigkeiten und Sterne. Sie sollten gleichmäßig über die ganze Rute verteilt sein.

4 Schnüre die Äste auf einer Seite zu einem Bündel zusammen. Dann legst du sie in das Seidenpapier und bindest sie mit dem Papier zur Rute zusammen.

5 Zur endgültigen Verzierung legst du noch etwas weiß schimmerndes Engelshaar über die Rute.

6 Wer möchte, kann auch eine große Schlaufe an der Rute befestigen und sie aufhängen: ein schöner Wandschmuck für die Vorweihnachtszeit.

Tipp vom Nikolaus

Die Rute kann auch Päckchen enthalten. Der Empfänger freut sich nicht nur über Süßigkeiten: Kleine Spielsachen sind ebenfalls beliebt.

Deko-Ornamente aus Seidenpapier

Es muss nicht immer Geschenkband sein! Diese Ornamente aus Draht, funkelnden Perlen und Seidenpapier machen auch aus dem schlichtesten Geschenk etwas ganz Besonderes.

Du brauchst:

- Blumendraht
- Rundzange
- Seidenpapier in Lilatönen
- Deko-Draht mit aufgefädelten Schliffperlen oder dünnen Golddraht
- Schliffperlen, transparent
- flüssigen Klebstoff
- verschiedene Geschenkkartons

1 Zuerst knipst du den Blumendraht in etwa 30–40 cm lange Stücke.

2 Jetzt umwickelst du jedes Drahtstück mit einem Blatt Seidenpapier.

3 Falls du keinen Deko-Draht hast, fädelst du etwa 25–30 Perlen auf einen langen Golddraht.

4 Wickle den Draht großzügig um dein Gebilde aus Seidenpapier.

5 Jetzt kannst du Spiralen, Kringel oder Schnecken daraus formen. Klebe die so entstandenen Deko-Ornamente als kostbare Verzierung auf Geschenkkartons deiner Wahl.

Tipp vom Nikolaus

Besonders schön: Die Deko-Ornamente nach dem Geschenkeauspacken nicht wegwerfen, sondern zurechtbiegen und an den Weihnachtsbaum hängen!

Du brauchst:

- Stanzblech in Gold und Rot
- Plusterfarbe in Weiß, Pink und Gold
- Föhn
- Schere
- Klebstoff
- Bleistift

Deko-Sterne aus Plusterfarben

Diese Sterne hier funkeln nicht am Abendhimmel, sondern auf Geschenkverpackungen. Sie müssen nicht erst vom Himmel geholt werden, sondern sind im Handumdrehen gebastelt.

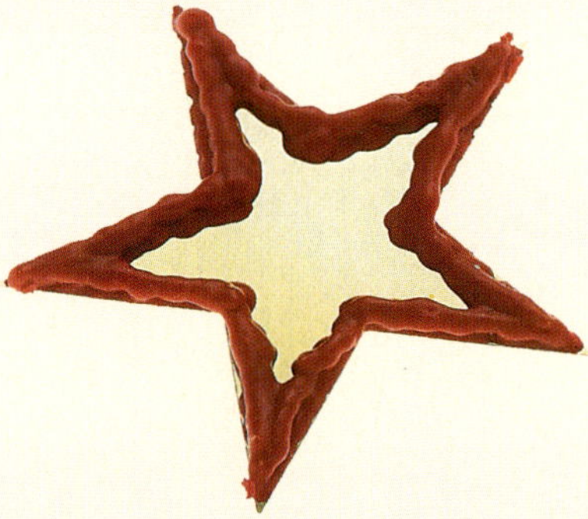

1 Als Erstes überträgst du den Stern von der unten stehenden Vorlage mehrfach auf das Stanzblech und schneidest ihn aus.

2 Verziere nun die Ränder der Sterne mit der Plusterfarbe. Dazu trägst du wie ein Zuckerbäcker dicke Kringel und Zacken auf.

3 Damit sich die Farbe schön aufplustert, musst du die Verzierungen nach dem Trocknen föhnen. Fertig sind die Deko-Sterne! Jetzt brauchst du nur noch deine Geschenke damit zu bekleben.

Tipp vom Nikolaus

Weiß verziert sehen die Sterne besonders schön aus – fast so, wie eingeschneit!

Geschenkanhänger aus Stanzblech

Du brauchst:
- Stanzblech in Silber oder Gold
- Schere
- Bleistift
- Keramikfarben in Blau, Grün und Bordeaux
- Pinsel
- Klebstoff

Diese kostbar verzierten Herz- und Sternornamente funkeln mit den Geschenken um die Wette! Bei Kerzenlicht kommt ihre raffinierte Struktur besonders schön zur Geltung.

1 Übertrage den Stern und die Herzen von den Vorlagen auf dieser Seite auf das Stanzblech. Anschließend schneidest du sie vorsichtig aus.

2 Graviere nun mit dem Bleistift die Muster in das Blech. Kringel- und Schneckenmuster sorgen für tolle Effekte.

3 Danach bemalst du die Sterne und Herzen mit den Keramikfarben deiner Wahl. An den erhabenen Stellen bleibt die Farbe weniger gut haften: Das verstärkt den Relief-Effekt.

4 Nach dem Trocknen kannst du die Ornamente als Verzierung auf die Päckchen kleben.

Tipp vom Nikolaus
Bemale die Geschenkanhänger von der linken Seite, dann zeichnet sich das Muster besonders schön ab.

Blumentopf mit Engelsflügeln

Du brauchst:
- 1 Blumentopf
- Bastelfarbe in Bordeaux
- Pinsel
- große, goldene Engelsflügel aus Pappe
- Holzsterne in Gold und Silber
- Klebstoff
- Strickschlauch in Gold
- Krepppapier
- Geschenkband

Gut festhalten, sonst hebt der Blumentopf ab! Und das wäre wirklich zu schade, denn in seinem Inneren ist ein Geschenk versteckt!

1 Zuerst malst du den Blumentopf gleichmäßig mit der Bastelfarbe an.

2 Nach dem Trocknen kannst du die gold- und silberfarbenen Holzsterne sowie die Flügelchen aufkleben.

Tipp vom Nikolaus

Statt der Holzsterne kannst du auch selbst Sterne aus Goldfolie ausschneiden. Und wer die Flügel selbst basteln will, findet dazu eine ausführliche Anleitung auf den Seiten 14 und 49.

3 Wenn es dir gefällt, gib einen glitzernden Strickschlauch in den Blumentopf, den du vorsichtig über seinen Rand stülpst. Darin ist dein Geschenk gut geschützt! Oder aber du wickelst es in Krepppapier, drehst die Enden zusammen wie bei einem Bonbon und verschnürst es mit einem schönen Geschenkband.

Schachteln mit Serviettentechnik

Du brauchst:
- 2 Papiermascheeschachteln mit rundem Deckel
- 1 Sternenpappschachtel mit Glaskuppel
- Bastelfarbe in Hyazinthblau und Gold
- Servietten mit Schneeflockenmotiven
- Schere
- Pinsel
- Klarlack für Serviettentechnik
- Deko-Schneeflocken
- Klebstoff
- 2 große Wachsperlen
- Geschenkband mit Fransen in Weiß

Schneeflöckchen haben sich auf diesen Papiermascheeschachteln niedergelassen. Doch keine Bange – diese hier schmelzen auch bei der größten Hitze nicht!

1 Zuerst malst du die Papiermascheeschachteln mit der Bastelfarbe in Hyazinthblau an. Nur die sternförmige Schachtel wird golden.

2 Während die Schachteln trocknen, kannst du die Schneeflockenmotive aus den Servietten ausschneiden.

3 Lege die oberste Schicht der Serviette auf den Deckel der runden Schachtel. Anschließend bestreichst du sie mit Klarlack für Serviettentechnik.

4 Bei der sternförmigen Schachtel klebst du das Schneeflockenmotiv einfach in die kreisrunde Aussparung.

Tipp vom Nikolaus

Auch andere Serviettenmotive sehen toll aus. Wie wäre es mit einer Winterlandschaft in der kreisrunden Aussparung? Das erinnert an eine Schneekugel!

5 Fülle die Plastikkuppel mit einigen Deko-Schneeflocken und verschließe damit die Aussparung. Die runden Schachteln werden abschließend mit einer Perle verziert. Ihre Deckelränder schmückt ein weißes Fransenband.

Engel aus Holz

Diese Engelschar fliegt von Wolke zu Wolke, macht aber auch manchmal in Blumentöpfen oder auf Geschenken Rast. Auf dem Balkon fühlen sich diese Himmelsboten ganz besonders wohl.

Du brauchst:

- Holzstücke oder Wurzelreste, die etwas Platz für ein Engelkleidchen lassen
- Goldfolie
- Bleistift
- Schere
- Klebstoff
- Bastelfarbe in Weiß und Beigerosa
- Pinsel
- Filzstift in Schwarz
- Engelshaar in Gold oder Silber
- Holzsterne in Gold

1 Übertrage die unten stehende Vorlage auf die einmal gefaltete Goldfolie. Achte darauf, dass sich die gestrichelte Linie genau im Falz befindet. Dann kannst du die Engelsflügel ausschneiden.

2 Sieh dir das Stück Holz genau an. Wie musst du es halten, damit es Ähnlichkeit mit einem Engel hat? Nimm die Flügelchen und schiebe sie auf dem Holz hin und her.

3 Hast du den idealen Platz gefunden, klebe die Flügel von der Rückseite gegen das Holz.

4 Für das Gesicht setzt du nun mit dem Pinsel einen beigerosa Punkt oberhalb der Flügel.

5 Darunter malst du ein weißes Engelskleidchen. Wenn die Farben getrocknet sind, kannst du dem Engel noch Engelshaare aufkleben. Zum Schluss kommt der Filzstift zum Einsatz: Punkt, Punkt, Komma, Strich – fertig ist das Engelsgesicht!

Tipp vom Nikolaus

Das Engelchen freut sich, wenn du sein Kleidchen mit einem kleinen Stern schmückst. Dazu einfach einen goldenen Holzstern aufkleben.

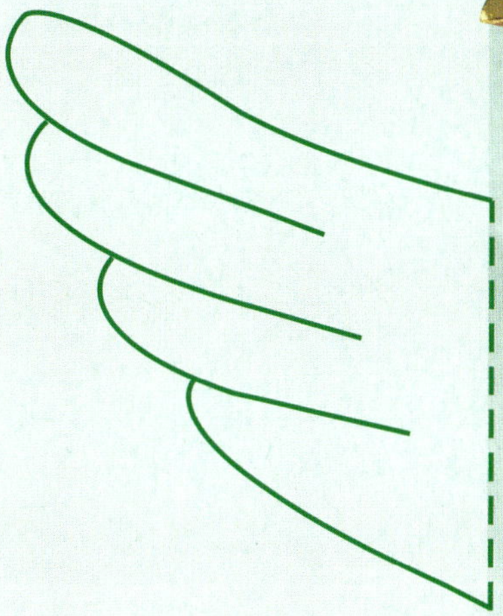

Kostbar funkelndes Perlenlicht

Du brauchst:
- Silberdraht
- Rundzange
- runde und längliche Perlen in allen möglichen Formen bis zu einem Durchmesser von 0,6 cm in den Farben Pink, Silber und Kristall
- 35 Schliffperlen, weiß, Durchmesser: 0,4 cm
- 30 Schliffperlen, weiß, Durchmesser: 0,3 cm
- 1 Windlicht
- 1 Kerze

Dieses Perlenlicht sieht richtig wertvoll aus! Wenn die Kerze brennt, schimmert es in den schönsten Pink- und Silbertönen.

1 Zuerst knipst du mit der Rundzange etwa 25 Drahtstücke mit einer Länge von 15 cm zurecht. Wie viele du brauchst und wie lang sie genau sein müssen, hängt von Umfang und Höhe deines Windlichts ab.

2 Anschließend drehst du ein Ende der Drahtstücke mit der Rundzange zu einem kleinen Ring. Er verhindert, dass die Perlen herunterrutschen.

3 Jetzt fädelst du nach Lust und Laune kleine und große Perlen in Pink, Silber und Kristall darauf. Die Länge deines Perlenstabs entspricht der Höhe deines Windlichts.

4 Schneide nun ein Drahtstück zu, dessen Länge dem oberen Umfang deines Windlichts plus 10 cm entspricht. Wieder biegst du ein Ende mit der Rundzange zu einem kleinen Ring.

5 Nun fädelst du immer abwechselnd einen Perlenstab und eine größere Schliffperle auf.

6 Verbinde Anfang und Ende des Drahts miteinander. Mit dem unteren Teil verfährst du genauso, nur dass du Schliffperlen mit einem kleineren Durchmesser verwendest.

7 Jetzt musst du nur noch die kleinen perlenüberzogenen Drahtstückchen dazwischen befestigen und das Windlicht mit Kerze hineinstellen.

Tipp vom Nikolaus

Wenn du das Perlengebilde etwas kleiner anfertigst und darauf achtest, dass oberer und unterer Ring genau gleich groß sind, hast du einen schönen Serviettenring!

Bemalte Weihnachtskerzen

Du brauchst:

- Rote Kerzen in Herz- und Sternform
- Wachs-Liner in Weiß und Silber

Diese schönen Kerzen machen jeden Weihnachtstisch festlicher. Sie sind im Nu hergestellt und können auch von den ganz Kleinen selbst gebastelt werden.

1 Bemale die Sterne mit dem Wachs-Liner. Dazu trägst du die silberne Farbe von der Mitte ausgehend sternförmig auf und lässt sie zu den Spitzen hin dünn auslaufen.

2 An die Enden dieser Spitzen setzt du einen dicken, silbernen Punkt.

3 Die Herzen dagegen verzierst du mit Schneeflocken-Motiven. Von der Mitte ausgehend malst du vier längere Striche, die ein Kreuz bilden. Dazwischen setzt du etwas kürzere Striche. Fertig ist die Schneeflocke!

Tipp vom Nikolaus

Wenn du keine besonderen Kerzen zur Hand hast, nimm einfach Haushaltskerzen. Auch sie lassen sich problemlos in einen festlichen Tafelschmuck verwandeln.

4 Wer möchte, kann sie nach dem Trocknen noch mit kleineren Strichen in Silber sowie Pünktchen in Weiß ergänzen.

5 Wenn du schon etwas Übung hast, versuche es mal mit Kringeln, Herzen und schwierigeren Schneeflocken mit kleinen Querstrichen.

Sterntaler aus Nudelteig

Das ideale Weihnachtsgeschenk für alle Schleckermäuler: Diese Sterntaler aus Nudelteig sehen nicht nur fantastisch aus, sondern schmecken auch so!

Du brauchst:

- 300 g Mehl
- 3 Eier
- 1 Gabel
- Salz
- 1 EL Öl
- Nudelholz
- Plätzchenausstecher in Sternform
- Geschirrtuch
- Kuchengitter
- hübsche Blechdosen

1 Gib das Mehl auf die Arbeitsplatte und drücke eine Mulde hinein. Dann schlägst du die Eier auf und lässt sie dort hineingleiten. Die Eier bitte nicht direkt aus dem Kühlschrank nehmen, sondern schon eine Weile vorher bereitstellen. Sie sollten handwarm sein.

2 Verrühre Eigelb und Eiweiß vorsichtig mit einer Gabel und nimm vom Rand der Mulde immer mehr Mehl hinzu.

3 Dann verknetest du alles mit den Händen zu einem geschmeidigen Nudelteig.

4 Löse 1/2 EL Salz in 1 EL Wasser auf. Dieses Salzwasser tröpfelst du langsam zu dem Teig und danach das Öl.

5 Knete nun den Teig 10 Minuten durch, bis er ganz glatt ist.

6 Decke den Teig mit einem sauberen Geschirrtuch zu und lass ihn etwa 30 Minuten ruhen.

7 Danach rollst du den Teig mit einem Nudelholz auf der leicht bemehlten Arbeitsfläche aus. Jetzt kannst du die Sterne ausstechen. Anschließend lässt du sie über Nacht auf einem Kuchengitter trocknen. Dadurch werden sie haltbar.

8 Hübsch verpackt in Blechdosen, sind sie das ideale Weihnachtsgeschenk für alle Nudelfans.

Tipp vom Nikolaus

Gekocht werden die Sterntaler-Nudeln übrigens genauso wie die aus dem Supermarkt. Wenn sie gut durchgetrocknet sind, halten sie sich mehrere Wochen.

Kuschelkissen mit Schneeflocke

Schlafen wie auf Wolke sieben? Das ist mit dem Kuschelkissen für wintermüde Engelchen kein Problem. Wer reist zuerst ins Land der Träume?

1 Schneide aus dem roten Filzstoff zwei 42 x 42 cm große Quadrate zu.

2 Dann vergrößerst du die Vorlage für die Schneeflocke (Seite 59) und überträgst sie auf den zweimal gefalteten weißen Filz. Achte darauf, dass sich die gestrichelten Linien genau im Bruch befinden. Wenn der Stoff nicht reicht, kannst du die Schneeflocke auch aus mehreren Teilen zusammensetzen.

3 Als Nächstes schneidest du die Vorlage aus und klebst sie in die Mitte eines roten Quadrats.

4 Klebe nun beide Filzquadrate an den Rändern mit ein wenig Klebstoff zusammen. Vergiss dabei nicht, dass auf einer Seite eine Öffnung von 20 cm stehen bleiben muss.

5 Nähe nun beide Quadrate zusammen. Keine Angst, deine Naht muss nicht schön werden.

6 Denn jetzt klebst du einfach das weiße Fransenband darüber, sodass von der Naht nichts mehr zu sehen ist. Zu guter Letzt befestigst du das selbstklebende Klettband in der Öffnung – fertig ist die Kissenhülle.

7 Jetzt brauchst du sie nur noch mit einem Kissen zu füllen und mithilfe des Klettbands zu verschließen. Viel Spaß beim Kuscheln!

Tipp vom Nikolaus

Du kannst nicht nähen? Macht nichts! Ganz unter uns: Der Nikolaus kann das auch nicht. Deshalb kommen wir auch ohne Nadel und Faden aus und kleben die Stoffkanten einfach fest aufeinander.

Du brauchst:

- Filzstoff, 42 x 42 cm in Rot
- Bleistift
- Schere
- Filz in Weiß-glitzernd
- Klebstoff für Textilien
- rotes Nähgarn
- Fransenband in Weiß
- Kissen 40 x 40 cm
- Klettband 20 cm, selbstklebend

Bunte Lichterkette

Vorlage um
15% vergrößern.

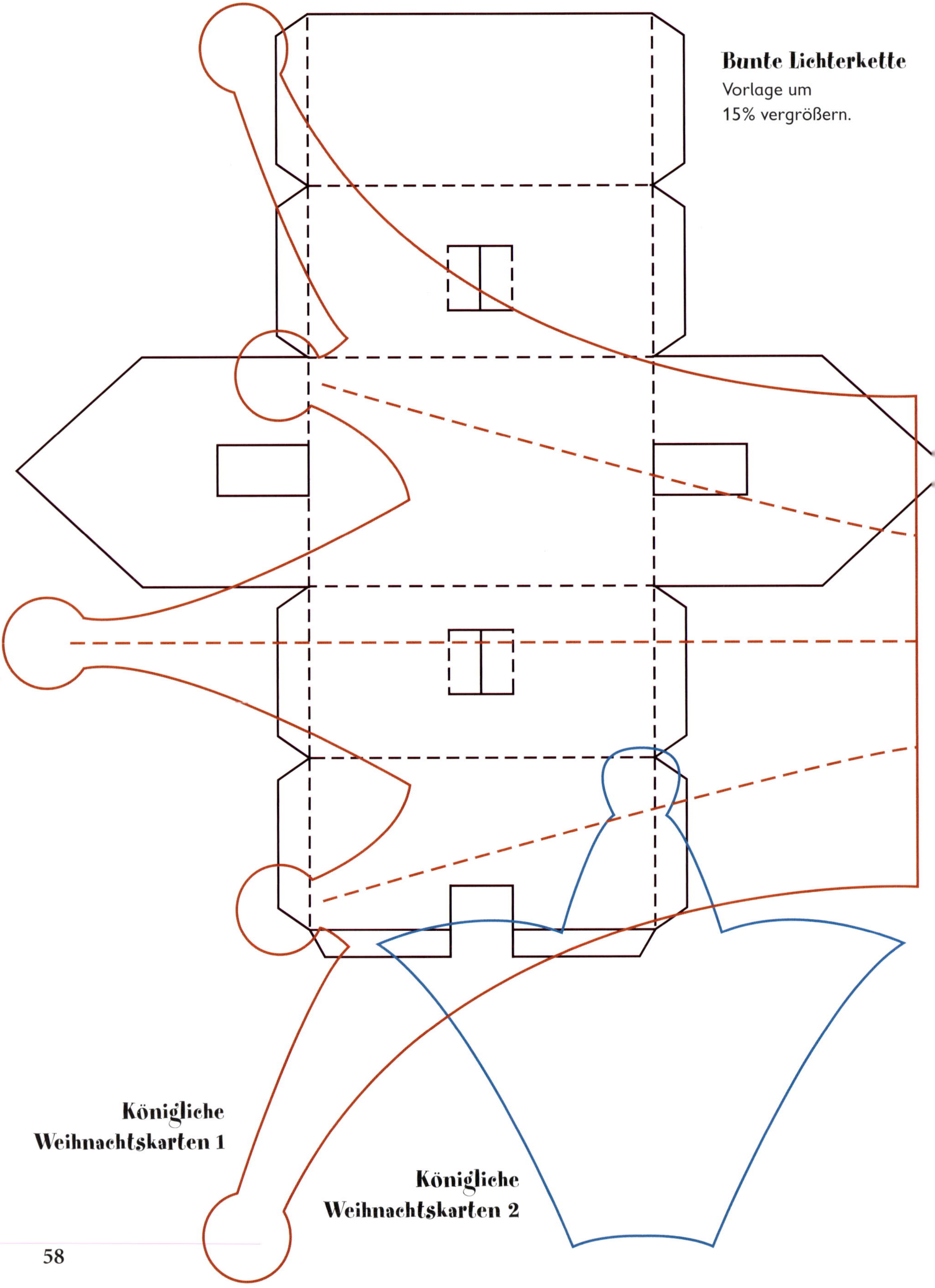

Königliche Weihnachtskarten 1

Königliche Weihnachtskarten 2

Schneeflocke für Window Color

Vorlage um 50% verkleinern, 4 x kopieren und zu einer Schneeflocke zusammensetzen

Schneeflocke für Kuschelkissen

Vorlage um 50% vergrößern

Winterlandschaft aus Window Color

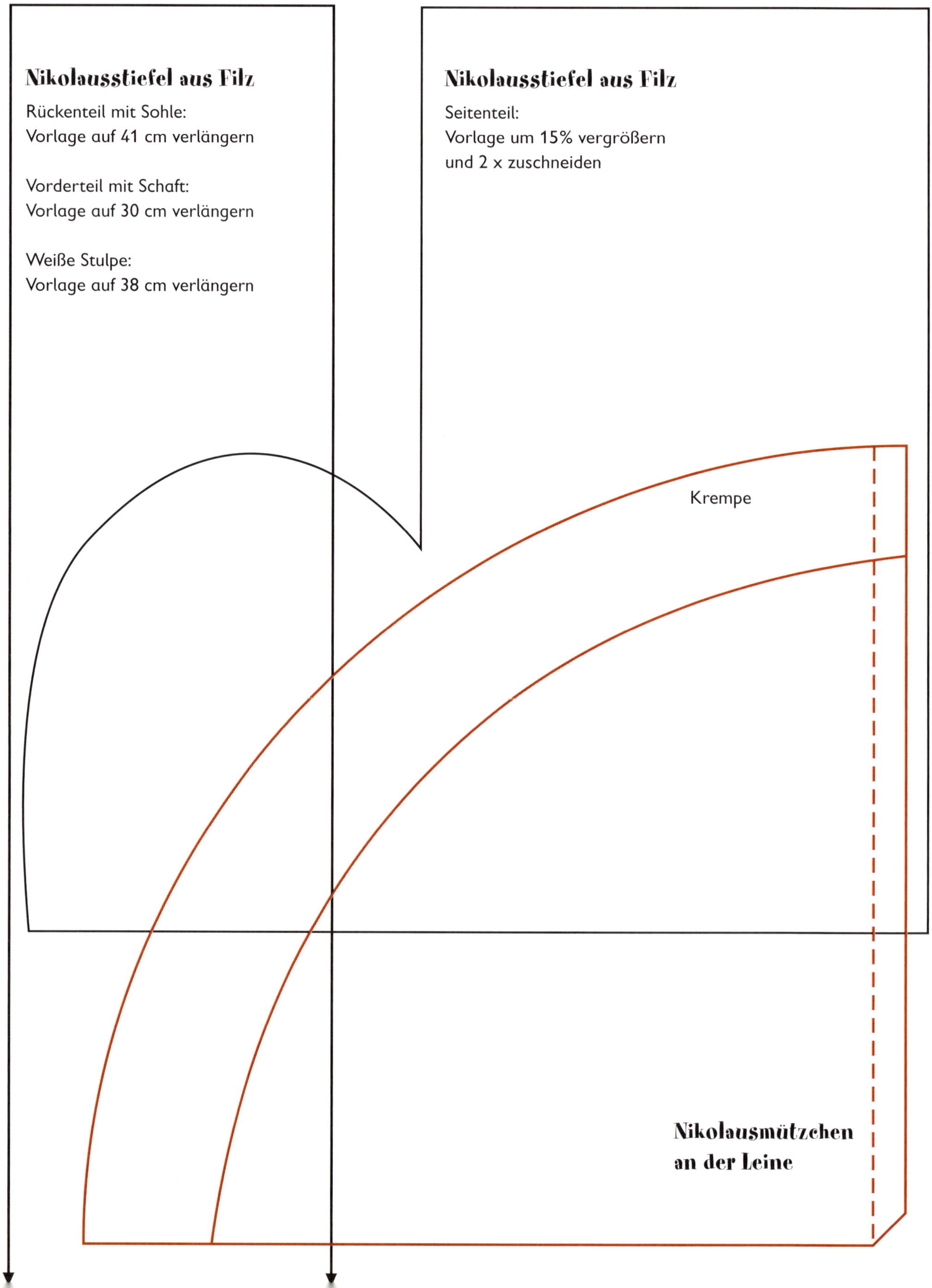
Nikolausstiefel aus Filz
Rückenteil mit Sohle:
Vorlage auf 41 cm verlängern
Vorderteil mit Schaft:
Vorlage auf 30 cm verlängern
Weiße Stulpe:
Vorlage auf 38 cm verlängern
Nikolausstiefel aus Filz
Seitenteil:
Vorlage um 15% vergrößern
und 2 x zuschneiden
Krempe
Nikolausmützchen
an der Leine

Register

Viele Ideen, die Kindern Spaß machen

Spielideen für den Kindergarten

Ganzheitliche Förderung kreativ gestalten

In diesem Buch werden kreative Spielideen vorgestellt, die Kinder zum eigenen Handeln anregen. Wichtige Bereiche wie Wahrnehmung, Motorik, Gedächtnis, Sozialverhalten, Selbstbewusstsein und Selbstständigkeit können dadurch gefördert werden.

ISBN 978-3-473-**55640**-3

Mein erstes Experimentierbuch

Naturwissenschaft spielerisch entdecken

Einfache Experimente für Kindergartenkinder mit verblüffenden Effekten machen Spaß und veranschaulichen naturwissenschaftliche Phänomene auf unterhaltsame Weise.

ISBN 978-3-473-**55636**-6

Kindergeburtstag feiern

Von der selbst gebastelten Einladung über das passende Essen und originelle Spielideen bis zur Verabschiedung der kleinen Gäste bietet dieses Buch neun komplette Themenfeste. So wird der nächste Kindergeburtstag ein voller Erfolg!

ISBN 978-3-473-**55637**-3

Origami

Kleine Kunstwerke aus Papier

Kinder lernen in diesem Buch eine besondere Technik des Papierfaltens kennen, mit der sie dreidimensionale, originelle Figuren basteln können: schöne Schmetterlinge, große Tiere wie Bären, Nilpferde und Wale oder gefährliche Dinosaurier.

ISBN 978-3-473-**55631**-1

Ravensburger Kindermalschule

Diese große Kindermalschule führt anschaulich in das Malen mit Wachsfarben, Wasserfarben, Plakafarben, Bunt- und Filzstiften ein. Eine Fülle von anregenden Bildbeispielen und fotografierte Schritt-für-Schritt-Anleitungen machen die Umsetzung ganz einfach.

ISBN 978-3-473-**55638**-0

Der neue Ravensburger Bastelspaß

Tolle Ideen für Kinder

Diese kreative Bastelwerkstatt für Kinder ab 4 Jahren enthält eine Fülle von Bastelideen mit den beliebten Materialien Papier, Wolle, Holz, Knete und Ton.

ISBN 978-3-473-**55633**-5